Elena Falchi Genovesi

Basteln mit NUDELN

Nehmen Sie zwei  sechs 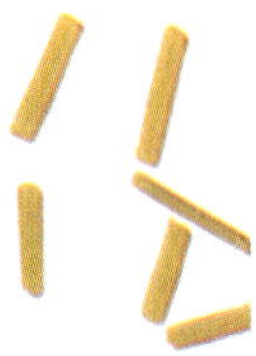 drei 

einige  und bauen Sie eine reizende  aus Nudeln.

Nehmen Sie dazu  und Phantasie. Wir zeigen Ihnen, wie's geht.

Bechtermünz Verlag

Deutsche Erstausgabe

Bearbeitung der deutschen Ausgabe
Maasburg GmbH, München

Redaktion: Cristina Sperandeo
Fotografien: Alberto Bertoldi und Mario Matteucci
Umschlaggestaltung: Paola Masera und Amelia Verga
Graphische Gestaltung: Paola Masera und Amelia Verga
mit Beatrice Brancaccio

Printed and bound in Italy

ISBN 3-8289-2297-X

INHALT

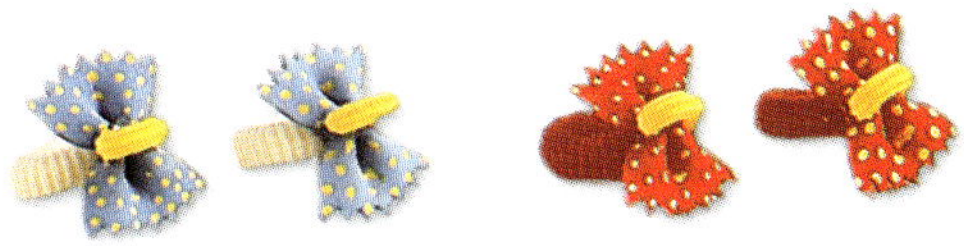

NUDELSORTEN

Die meisten der hier vorgestellten Nudelsorten finden Sie unter der italienischen Originalbezeichnung (siehe auch S. 64) im Supermarkt, bei uns weniger bekannte Ausformungen beim italienischen Feinkostladen in Ihrer Nähe.

Kurze Nudeln eignen sich am besten zum Zusammenkleben. Man kann daraus hübsche Figuren und Verzierungen machen.

Flach ausgerollte Nudeln – wie die Lasagne – eignen sich gut als Grundplatte für Figuren. Da sie aber viel Farbe aufnehmen, beläßt man sie am besten in der Naturfarbe.

Es gibt auch eingefärbte Nudeln: mit Spinat (grün), mit Tomaten (rot), mit Tintenfischsekret (schwarz), mit Pilzen (braun).

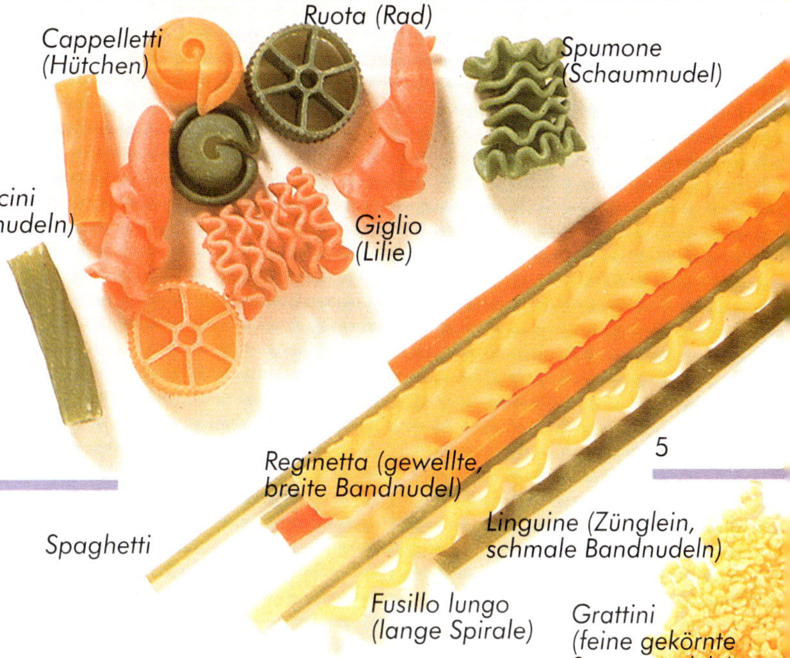

Die verschiedenen Nudeln, die als Suppeneinlage verwendet werden, sind ideal als Haare, Augen oder feine Verzierungen.

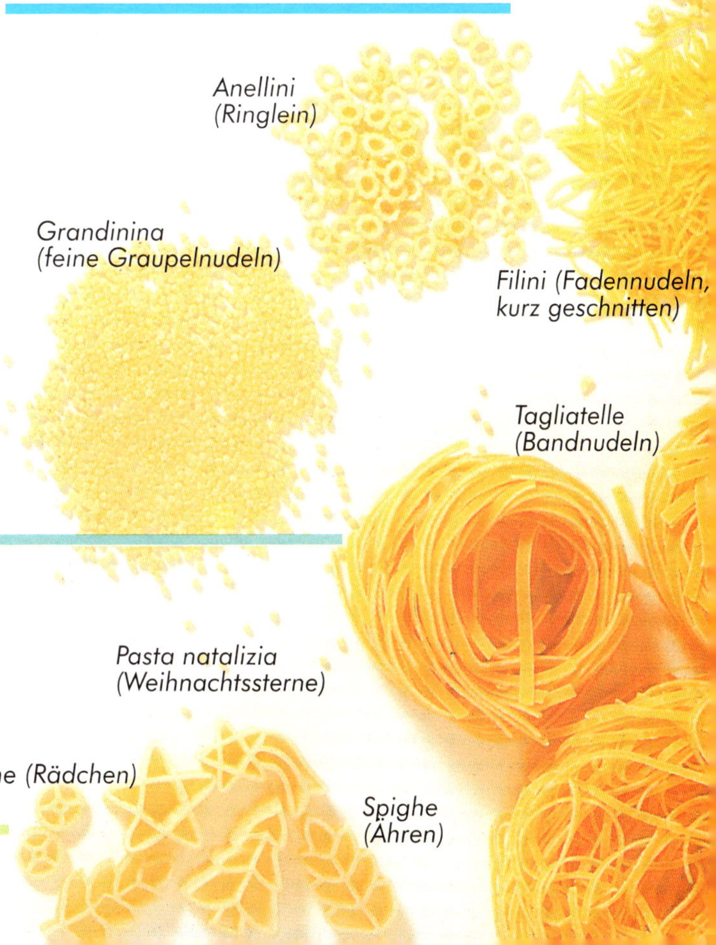

Zu Nestern gewickelte Nudeln (wie lange Fadennudeln oder Bandnudeln) kann man gut als Unterlage für Figuren oder feine Details verwenden.

Nudeln gibt es auch in phantasievollen Ausformungen: Bäumchen, Sterne, Tierfiguren. Man braucht sie nur noch bunt anzumalen.

Lustige Farben

Klebstoffe: Im Prinzip sind für unsere Basteleien sowohl die verschiedenen Leimarten als auch Alleskleber verwendbar. Ich empfehle einen wasserlöslichen Bastelkleber, weil er sich mit Gouachefarben mischen und die Farben kräftiger erscheinen läßt. Darauf achten, daß die Tube oder Flasche nach Gebrauch gut zugemacht wird und daß nichts an den Fingern kleben bleibt!

Filzstifte: Am besten verwendet man Filz- oder Fasermalstifte, die eine wasserlösliche, aber nach dem Trocknen wasserbeständige, lackartig deckende Tusche auf Acrylbasis enthalten. Sie eigen sich nämlich auch für das Übermalen von bereits fertig bemalten Nudeln. Je nach Art der Bemalung Filzschreiber mit passender Strichbreite verwenden.

Pinsel: Jeder Pinsel weist eine Nummer auf: je kleiner die Zahl, desto feiner der Pinsel. Für feine Farbmuster nur feine Pinsel verwenden. Nicht vergessen: Vor jedem Farbwechsel Pinsel gut auswaschen!

Farben: Wasserverdünnbare Bastel- oder Gouachefarben (früher als Tempera bezeichnet) sind zum Bemalen der Nudeln am besten geeignet. Man verdünnt sie in einem Schüsselchen oder Teller. Die Grundfarben lassen sich beliebig zu neuen Farbtönen mischen.

Nützliche Tips

1 Darauf achten, daß der Kleber dünn und gleichmäßig aufgetragen wird.
Ein paar Sekunden antrocknen lassen, dann die Teile zusammenfügen und kurz zusammenpressen. Erst loslassen, wenn der Kleber fest geworden ist.

2 Überschüssigen Klebstoff antrocknen lassen. Anschließend mit einem feinen Pinsel und ein wenig Farbe die Stelle übermalen.

3 Ganz feine Nudeln (Suppeneinlagen wie z. B. Ringlein) färbt man in einem Joghurtbecher mit wenig Farbe ein und läßt sie anschließend auf Backpapier trocknen.

4 Mit Gouachefarben bemalte Nudeln vollständig trocknen lassen, erst dann mit Filzstiften verzieren – z. B. mit Pünktchen oder Linienmustern. Nicht verwischen!

5 Sie können auch die bereits fertig zusammengeklebten Figuren bemalen – aber Vorsicht: Wer kleckert, muß wieder von vorne anfangen!

TIERFIGUREN

Elefanten, große und kleine ... Bald haben Sie eine ganze Familie. Mit ein bißchen Phantasie und Geschick können Sie aber auch viele andere Tiere basteln, zum Beispiel die unten abgebildeten.

Käfer: Sie sind nicht nur hübsch anzusehen, sondern außerdem Glücksbringer, wie z. B. die Marienkäferchen. Zusammen mit den Schmetterlingen eignen sie sich besonders als Verzierungen für Geschenkpäckchen.

Für ein fröhliches Katz-und-Maus-Spiel können Sie alles selbst basteln. Wenn Ihnen das keinen Spaß mehr macht, verwenden Sie die kleinen Figuren als Tischkartenhalter oder Spielsteine.
Wer die Fische besonders mag, kann ihnen ein farbenfrohes Aquarium bauen.

Sie brauchen dafür:

- Nudeln in verschiedenen Formen
- Bastelfarben, Pinsel und Filzstifte für die farbige Bemalung
- Schere und Kleber
- Schachteln und Karton für die Tiergehege oder das Aquarium.

SCHWAN

Sie benötigen dafür:
Muscheln, Ringlein,
Reginette, Rhomben,
Penne, *kleine* Hörnchen.

1 Drei Muschelnudeln zusammenkleben. Der überlappende Teil der Nudeln muß jeweils nach links weisen.

2 Auf den ovalen Rumpf eine *Penna* als Hals aufkleben.

3 Wenn der Hals fest aufgeklebt ist, ein Hörnchen vorne als Kopf darankleben. Die Klebefläche ist hier winzig, also besonders vorsichtig arbeiten.

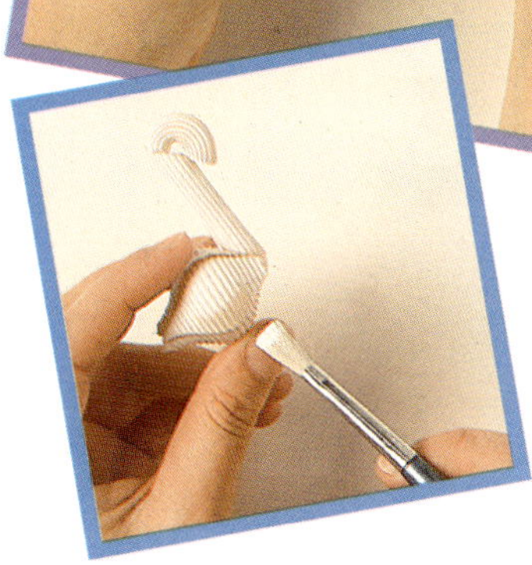

4 Mit weißer Farbe den Schwan rundherum bemalen. Gut trocknen lassen.

5 Von einem Rhombus zwei Dreiecke abschneiden und schwarz bemalen: Daraus wird der Schnabel geformt. Für die Augen zwei Ringlein blau oder schwarz färben.

6 Wenn die Farbe ganz trocken ist, Augen und Schnabel am Kopf ankleben.

7 Drei *Reginette* an der langen Seite aneinanderkleben und blau bemalen. Sie stellen den See dar, auf dem der Schwan schwimmt.

8 Wenn die blauen *Reginette* trocken sind, die Unterseite des Schwans darauf ankleben.

KATZE

Sie benötigen: ein *Raviolo,* drei Muscheln, zwei Hörnchen, eine Muschel und eine *Lancetta* (alles orange bemalt) sowie ein Ringlein, eine Mini-Muschel und ein *Spaghetto*.

1 Wenn alle Tiere bemalt und trocken sind, die drei Muscheln zusammenkleben (die eingerollte Seite liegt dabei immer links). Auf den so entstandenen ovalen Rumpf wird quer die gerillte Muschel aufgeklebt.

2 Die Katze wird nun auf dem *Raviolo* festgeklebt, damit sie aufrecht stehenbleibt. Aus der in zwei Hälften geteilten *Lancetta* werden die Ohren geformt und an der Oberseite des Kopfes angeklebt. Zwei S-förmig zusammengeklebte Hörnchen ergeben den Schwanz, der seitlich angeklebt wird.

3 Zwei Hälften eines Ringleins ergeben die Augen, eine rot bemalte Mini-Muschel die Nase, sechs farbig bemalte *Spaghetto*-Stückchen den Schnurrbart.

KÄFER

Sie benötigen: zwei große Muscheln, rot bemalt; eine große Muschel, schwarz bemalt; ein *Gnocco* und schwarz gefärbte Ringlein (Suppeneinlage).

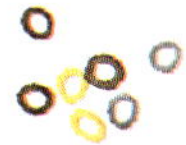

1 Wenn alle Teile trocken sind, legen Sie die große schwarze Muschel in die Mitte, mit der Flachseite nach unten; die beiden roten Muscheln werden seitlich darangeklebt.

2 Am spitzen Ende des Rumpfes wird nun der schwarze *Gnocco* als Kopf quer angeklebt.

3 Die schwarzen Punkte auf den Flügeln des Marienkäfers bilden hübsch verteilte Ringlein. Auch Käfer in anderen Farbkombinationen sehen sehr hübsch aus.

Das farbenfrohe Käferlein ist auch ein hübscher Briefbeschwerer!

Mäuschen

Bemalen Sie Ringlein, Mini-Muscheln, *Trofie* und auch die großen Muscheln in bunten Farben.

1 Schneiden Sie den gezackten Rand von zwei *Ravioli* ab und bemalen Sie den Mittelteil: Daraus werden die Ohren des Mäuschens.

2 Die Ohren werden seitlich an einer großen Muschel, deren eingerollte Seite nach unten zeigt, angeklebt. Zwei symmetrisch unterhalb der Ohren angeklebte Ringlein bilden die Augen, eine Mini-Muschel vorne in der Mitte ergibt die Nasenspitze.

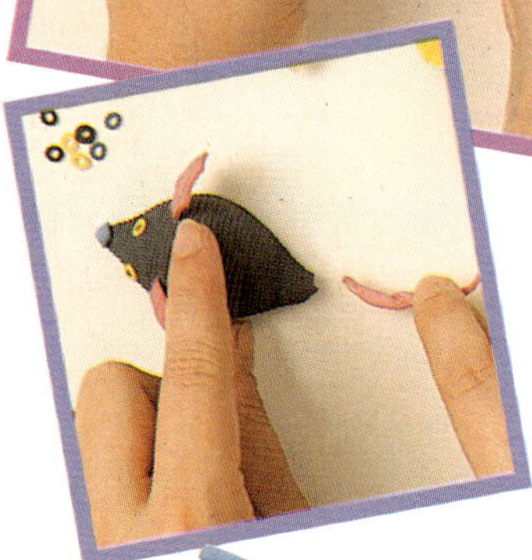

3 Eine farbig bemalte *Trofia* wird als Schwänzchen am Hinterende festgeklebt.

Schnecken

Dafür benötigt werden: gerillte Pfeifen, ein paar *Penne* sowie ein oder zwei *Spaghetti*.

1 Die Pfeifen, *Penne* und *Spaghetti* werden bunt bemalt. Wenn man verschieden große Nudeln der gleichen Form verwendet, kann man eine richtige Schneckenfamilie basteln.

2 Wenn alle bemalten Teile trocken sind, je eine Pfeife auf das Ende einer *Penna* kleben (siehe Abbildung). Schon hat die Schnecke ihr Häuschen auf dem Rücken!

3 Kleben Sie nun zwei V-förmig nach oben zeigende *Spaghetti*stückchen als Fühler in die vordere Öffnung der *Penna*.

Schmetterlinge

Für jeden Schmetterling brauchen Sie vier Rhomben und ein kleines Hörnchen.

1 Die Rhomben werden in Vierergruppen mit derselben Farbe, die Hörnchen in dunkleren oder kontrastierenden Farben bemalt.

2 Wenn alles gut getrocknet ist, kleben Sie je zwei Rhomben seitlich so am Hörnchen fest, daß sie den einen Flügel bilden. Wiederholen Sie denselben Vorgang mit zwei Rhomben auf der anderen Seite.

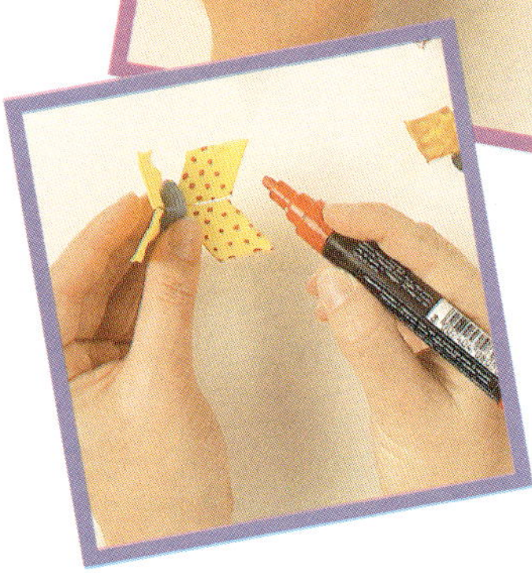

3 Nun können Sie mit einem feinen Pinsel oder Filzstift die Flügel nach Belieben mit Pünktchen oder Strichen verzieren.

Man kann auch die Flügel vor dem Ankleben fertig bemalen.

Spinne und Fliegen

Für die Spinne brauchen Sie eine *Pipa,* acht Hörnchen und zwei Ringlein. Die Fliegen werden aus sardischen Mini-*Gnocchi* gebastelt.

1 Die *Pipa* sowie die Hörnchen werden grau, die Ringlein gelb angemalt. Kleben Sie vier Hörnchen als Beine seitlich an der *Pipa* fest. Die beiden Ringlein werden die Augen der Spinne.

2 Ein paar Mini-*Gnocchi* werden dunkelgrau, andere gelb oder hellgrau gefärbt – ihre Anzahl hängt davon ab, wie viele Fliegen Sie Ihrer Spinne zugedacht haben.

3 Zwei hellgraue Mini-*Gnocchi* seitlich an ein dunkelgraues kleben. Fertig ist die Fliege! Die anderen Fliegen anders kombinieren.

Elefant

Sie brauchen dafür drei große Schnecken, zwei Pfeifen, eine *Penna*, eine kleine *Lasagna*, vier *Sedani* und zwei *Lancetta*hälften.

1 Nun mischen Sie die Farben für die Teile Ihres Elefanten an: Rosa für die zwei *Lancetta*-Hälften, Hellblau für die kleine *Lasagna*, Grau für alle übrigen Teile.

2 Kleben Sie die *Penna* als Rüssel in die Mitte des Kopfes und die beiden rosa *Lancetta*-Hälften über dem Rüsselansatz als Augen an.

3 Der Rumpf des Elefanten entsteht aus zwei zusammengeklebten großen Schneckennudeln, die grau bemalt werden.

4 An der Vorderseite des Rumpfes wird nun der Kopf befestigt. Die kleine, blau bemalte *Lasagna* legen Sie als Satteldecke quer auf den Rücken des Elefanten.

5 Mit einem dickeren Pinsel malen Sie nun vier *Sedani* grau an. Wenn sie ganz trocken sind, werden sie als Beine an den Rumpf angeklebt.

6 Beim Ankleben der Beine an der Bauchseite des Elefanten muß darauf geachtet werden, daß das fertige Tier gerade steht. Nun ist der niedliche Dumbo fertig.

Wenn Sie die benötigten Nudelsorten in verschiedenen Größen auftreiben können, wird vielleicht eine ganze Elefantenfamilie daraus.

AQUARIUM

Aus je drei Muschelnudeln, zwei Rhomben und zwei Ringlein entsteht ein kleiner Fisch.

1 Kleben Sie die drei Muscheln, die Sie jeweils mit der eingerollten Seite links halten, zusammen: Daraus wird der Fischkörper. Während der Kleber trocknet, schneiden Sie einen Rhombus in zwei Hälften und bemalen diese – sie werden zu Schwanzflossen.

2 Bemalen Sie nun den Fischkörper in Ihrer Lieblingsfarbe. Wenn er trocken ist, werden die Kiemen (aus den beiden spitzen Enden des anderen Rhombus) und die Augen (farbige Ringlein) angeklebt. Am hinteren Ende des Fischkörpers kleben Sie die beiden aufeinandergelegten Dreiecke als Schwanzflossen an. Nun braucht der Fisch noch ein Aquarium!

3 Beginnen Sie mit dem Boden. Ein Stück Karton rechteckig zuschneiden, eine Schicht Kleber auftragen und die hellbraun gefärbten feinen Suppennudeln (z. B. Riebele oder Graupelnudeln) daraufstreuen. Wenn der Kleber trocken ist, überschüssige Suppennudeln durch Umdrehen des Kartons entfernen.

4 Auf diesem Untergrund werden ein paar Kieselsteine und Schaumnudeln (entweder in der Naturfarbe oder mit Spinat grün gefärbt) als Algen befestigt.

5 Rot bemalte *Trofie* (in Büscheln oder einzeln), stellen Korallen dar. Die Ränder einer gewellten *Lasagna* werden grün bemalt. Den fertigen Boden in eine blau bemalte Bonbonschachtel legen.

Für das Aquarium brauchen Sie: ein Stück Karton, Schaumnudeln, sieben bis acht *Trofie*, Suppeneinlagenudeln (z. B. Riebele), kleine Kieselsteine, Ränder einer gewellten *Lasagna*.

SPIELSACHEN

Zu einem feinen Damenkränzchen in der Puppenstube lädt dieses entzückende Mini-Kaffeeservice ein.

Wer lieber allein spielt, hat mit den Puppen- und Clownfiguren sowie den Wägelchen oder dem Dreirad sicher auch viel Spaß. Oder mit dem Indianer ...

Sie brauchen dafür:

- Nudeln in verschiedenen Sorten
- Bastelfarben, Pinsel und Filzstifte zum Bemalen
- Kleber.

Dreirad

Färben Sie drei Räder, vier Fingerhütchen und einen Rhombus rot sowie drei gebogene und zwei gerade Spiralen blau.

1 Kleben Sie zwei gebogene Spiralen zu einem längeren gebogenen Stück zusammen. An einem Ende wird die dritte gebogene Spirale als Lenker quer angeklebt.

2 Eine gerade Spirale wird nun quer zu den gebogenen als Hinterachse quer angeklebt. An deren Enden werden die Hinterräder befestigt. Teilen Sie die zweite gerade Spirale in der Mitte, und kleben Sie die Hälften rechts und links am dritten Rad fest.

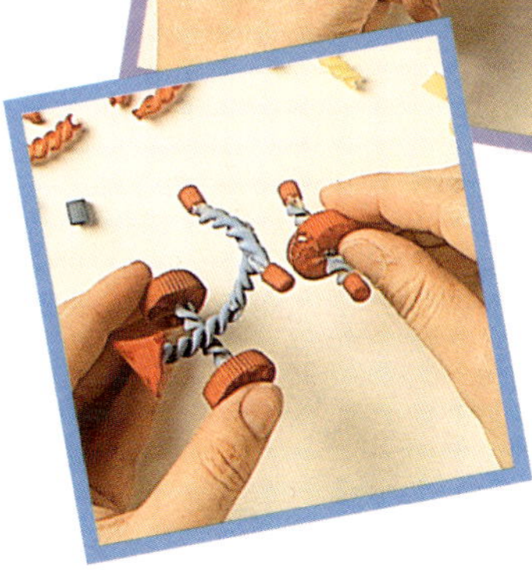

3 Nun das Rad vorne festkleben. Einen halben Rhombus als Sattel, die vier Fingerhütchen als Pedale und Lenkergriffe ankleben.

WÄGELCHEN

Für das Wägelchen benötigen Sie sechs oder sieben *Reginette,* zwei Räder und ein Stück *Fusillo.*

1 Teilen Sie die *Reginette* in gleich lange Stücke, und kleben Sie diese paarweise zusammen. Die glatten Flächen zwischen den Rändern werden rot bemalt. Dann kleben Sie die Seitenteile im rechten Winkel so aneinander, daß ein Quadrat entsteht. Obenauf wird das Dach aus weiteren drei *Reginette* festgeklebt.

2 Zwei gleich lange *Reginette*-Stücke bilden die Holme und werden an der Oberkante rot bemalt. An beide Enden des *Fusillo* werden die andersfarbig bemalten Räder angeklebt.

3 Die Achse mit den Rädern noch an der Unterseite festkleben. Fertig ist das Wägelchen!

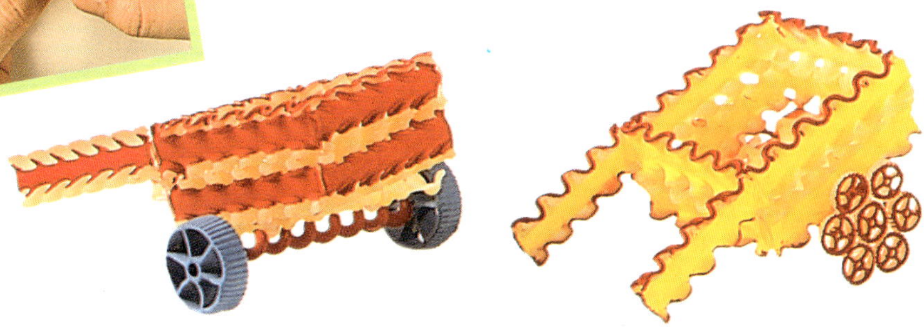

PÜPPCHEN

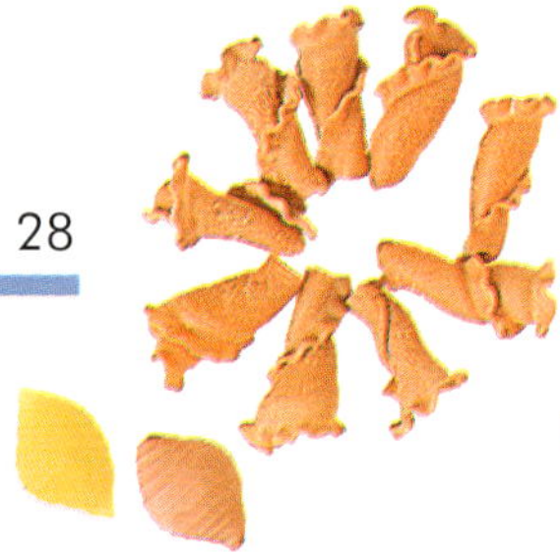

Sie benötigen: acht Lilien, zwei Schaumnudeln (naturfarben oder gefärbt), zwei Spiralen, eine gerillte Muschel, Locken, eine Mini-Muschel und ein Ringlein.

1 Die Lilien mit dem schmaleren Ende nach innen in Kreisform zusammenkleben; in der Mitte wird die Schaumnudel aufgeklebt. Bemalen Sie nun die Muschel rosarot, die Ringlein blau und die Mini-Muschel rot.

2 Auf die rosarote Muschel (Gesicht) kleben Sie ein Viertel der roten Mini-Muschel als Mund und die beiden Hälften des blauen Ringleins als Augen auf. Kleben Sie die Locken auf die Oberseite der Muschel und das fertige Gesicht auf den Rumpf.

3 Kleben Sie nun die zwei rosa gefärbten Spiralen als Arme seitlich am Rumpf fest. Wenn Sie noch mehr Püppchen basteln möchten, nehmen Sie dafür andere fröhliche Farben.

KAFFEESERVICE

Sie benötigen: eine *Lasagna*, zwei große und drei kleine Hörnchen, zwei *Ravioli*, zwei halbierte, glatte Röhrennudeln, eine *Lancetta*, eine Graupelnudel.

1 Bemalen Sie die beiden großen Hörnchen rot – sie werden die Griffe des Tabletts. Dann malen Sie die *Ravioli*, Röhrennudelhälften und kleinen Hörnchen mit bunten Farben an – für die Untertassen, Tassen und Henkel. Die Teile jeder Tasse zusammenkleben.

2 Zwei bemalte Röhrennudeln werden aufeinandergeklebt, an der oberen ein kleines Hörnchen (als Henkel) und eine halbierte *Lancetta* (als Schnabel) angeklebt. Den Deckel bildet ein *Raviolo* ohne Rand mit einer Graupelnudel als Knauf. Nun kleben Sie noch die beiden großen Hörnchen als Griffe auf das Tablett.

SCHNEEMANN

Benötigt werden: zwei große Muscheln, drei mittelgroße Muscheln, zwei runde *Ravioli,* drei *Campanelle,* drei Ringlein, ein Fingerhütchen.

1 Aus den drei mittelgroßen Muscheln den Kopf und aus den beiden große Muscheln den Rumpf zusammenkleben, die beiden Ovale aufeinanderstellen (siehe Foto), zusammenkleben und weiß anmalen.

2 Die *Ravioli* schwarz bzw. gelb anmalen: Sie bilden die Hüte bzw. die Standflächen der Schneemänner. Aus dem rot bemalten Fingerhütchen wird die Nase, aus den schwarzen *Campanelle* werden die Knöpfe und aus den schwarzen Ringlein Augen und Mund.

3 Nun werden alle Teile am Rumpf und Kopf festgeklebt. Der Schneemann muß senkrecht stehen, sonst fällt er um!

INDIANER

Sie benötigen dafür: zwei große Schnecken, dreizehn Ähren, farbige schmale Bandnudeln, zwei *Lancette*, eine *Reginetta*.

1 Malen Sie eine der großen Schnecken blau, eine andere rosarot und die Ähren für den Federschmuck des Häuptlings in bunten Farben an. Ein Stückchen vom Rand der *Reginetta*, rot bemalt, ergibt den Mund. Zuerst wird die rosa Schnecke auf die blaue geklebt. An diesem Kopf befestigen Sie einzeln die Ähren.

2 Nun noch die übrigen farbigen Teile im Gesicht festkleben: eine rosa *Lancetta* als Nase, zwei blaue *Lancetta*-Hälften als Augen und die farbigen Bandnudeln als Kriegsbemalung.

Blumen

Mit unterschiedlich geformten Nudeln und ein wenig Phantasie lassen sich viele Blumen zum Verschenken oder als Tischschmuck herstellen.

Das brauchen Sie:

- Nudeln in verschiedenen Formen
- Bastelfarben, Pinsel und Filzstifte
- Kleber, Bastelkarton, Schere, Blumendraht und Holzspießchen.

ZYKLAMEN

Sie brauchen nur ein Stück Blumendraht und fünf sardische Mini-*Gnocchi* für jede Blüte.

1 Mit den Bastelfarben ein leuchtendes Pink anmischen und die Mini-*Gnocchi* damit färben. Die trockenen *Gnocchi* einzeln aneinanderkleben, das untere Ende zusammendrücken.

2 Ein Stück Blumendraht biegen und in die Blüte hineinkleben. Mehrere solche Blüten können Sie zu einem hübschen Alpenveilchen-Blumentopf zusammenstellen.

Die Blätter des Alpenveilchens nach der Anleitung auf Seite 39 herstellen und hübsch auf dem Blumentopf verteilen.

Rosen

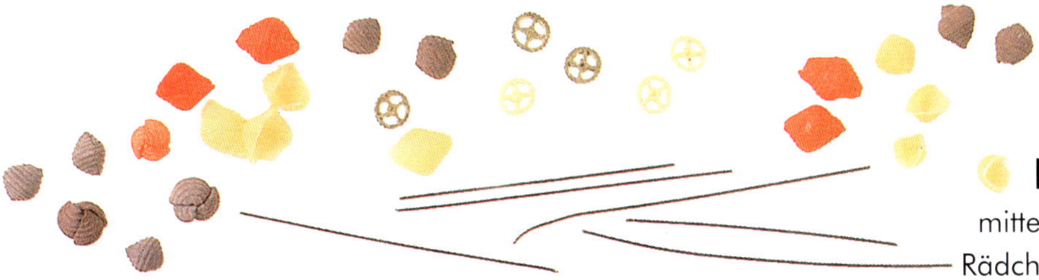

Benötigt werden:
mittelgroße Muscheln,
Rädchen, Blumendraht.

1 Die Rosen werden nach der Anleitung für Blütenknospen (S. 39), aber mit mittelgroßen Muschelnudeln hergestellt. An der Unterseite der Knospe werden dann weitere mittelgroße Muscheln als geöffnete Blütenblätter festgeklebt.

2 An die Unterseite jeder Rose wird ein Rädchen geklebt, an dem ein Stück Blumendraht als Stiel befestigt ist. Aus mehreren Rosen lassen sich Sträußchen oder Gestecke herstellen.

Sonnenblume

Sie benötigen: Rhomben, Graupelnudeln, Karton, Holzspießchen.

1 Zunächst werden die Rhomben für die Blütenblätter kräftig gelb gefärbt. Auf den Karton einen Kreis zeichnen, ausschneiden und braun anmalen. Nicht zu naß malen, sonst wirft sich der Karton!

2 Mit demselben Braun wie für den Karton die Graupelnudeln für die Sonnenblumenkerne in einem Joghurtbecher färben und trocknen lassen.

3 Während die Graupelnudeln trocknen, kleben Sie die erste Reihe Rhomben dicht aneinander auf dem Kartonkreis an.

Als Schablone für den Kreis können Sie einen umgedrehten Joghurtbecher verwenden. Einfach mit Bleistift den Umfang auf den Karton übertragen.

4 Danach wird eine zweite Reihe Rhomben so auf die erste geklebt, daß die Spitzen zwischen denen der ersten Reihe liegen.

5 Bestreichen Sie den braunen Kreis mit Kleber, und verteilen Sie die Graupelnudeln darauf.

6 Auf der Rückseite des Kreises wird ein grün angemalter Holzspieß befestigt. Nun ist die Sonnenblume fertig!

MOHNBLUME

Benötigt werden: vier runde *Ravioli,* zwei Rädchen und ein Stück Blumendraht.

1 Von den *Ravioli* den Rand abtrennen, den Innenteil rot bemalen. Rädchen schwarz färben. Die linke Hälfte des Rädchens auf den unteren Rand des ersten roten Blütenblattes *(Raviolo)* kleben. Unter die andere Hälfte des Rädchens ein zweites Blatt kleben.

2 An den zwei ersten Blütenblättern von innen zwei weitere festkleben. In die Mitte der Blume ein zweites Rädchen kleben. Daran wird ein Stück Draht als Stiel befestigt.

Mehrere Mohnblumen ergeben eine hüschen Strauß für eine kleine Vase.

KNOSPEN & BLÄTTER

Für die Knospen:
kleine Muscheln.
Für die Blätter:
Öhrchen, Ähren, Rhomben.

1 Jede Knospe wird aus drei farbig bemalten Muscheln zusammengeklebt. Sie können mehrere Knospen basteln und dann in Dreiergruppen zusammenfügen.

2 Die Abbildung zeigt drei Nudelformen, die sich besonders gut für Blätter verwenden lassen. Sie sehen natürlichen Blättern ähnlich und müssen nur noch grün angemalt werden.

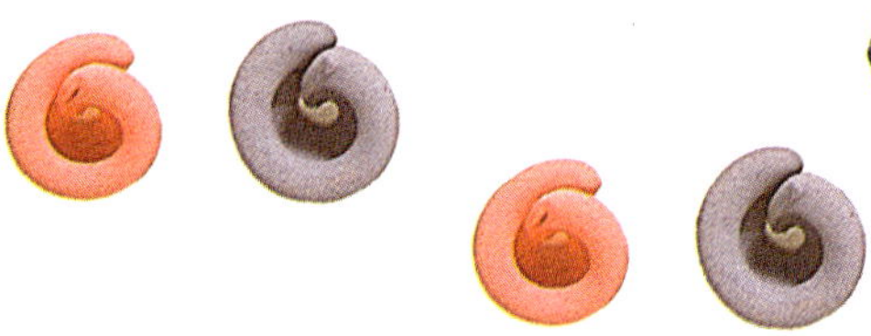

Die einfachste Form von Knospen läßt sich aus farbig bemalten Hütchen mit ein paar Blättern drum herum herstellen.

Mädchenträume

Alle Formen von kurzen Röhrennudeln (vor allem gerillte, wie Fingerhütchen usw.) eignen sich hervorragend für bunte Halsketten und Armbänder. Mit ein bißchen Phantasie und Geschick lassen sich so hübsche Dinge für das Schmuckkästchen oder als Haarschmuck – auch als Geschenk für Freundinnen – herstellen.

Das brauchen Sie:

- Nudeln in verschiedenen Formen
- Bastelfarben, Pinsel, Filzstifte
- Bastelkleber, Stickgarn oder Nylonfaden zum Auffädeln
- Brillen, Zopfgummis, Haarreifen und -nadeln, Spangen, Klammern.

Originelle Verzierungen für Sonnenbrillen, Haarreifen, Zopfgummis usw. sind kleine Schmetterlinge aus bunt bemalten und mit Tupfen verzierten Nudeln.

Kleine Schmuckelemente aus bunt bemalten Nudeln, wie die Knospen und Röschen von S. 39, machen aus schlichten Reifen und Spangen bezaubernden Haarschmuck.

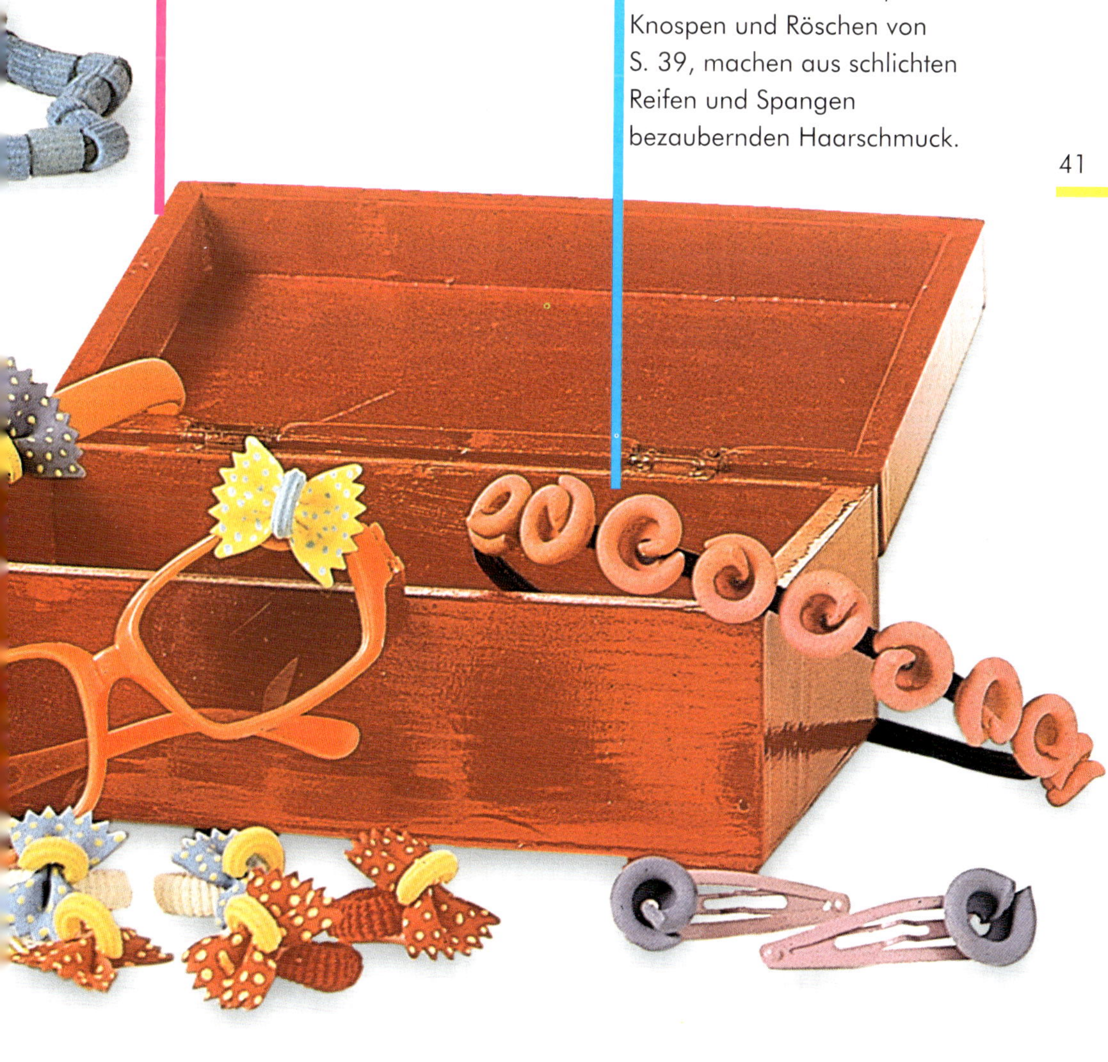

Ketten und Armbänder

Für jedes Medaillon benötigen Sie zwei runde *Ravioli*, für Kette und Armband viele bunte Fingerhütchen.

1 Innen- und Außenseite der Ravioli werden mit verschiedenen Farben – z. B. Gelb und Blau – bemalt. Die Fingerhütchen können entweder einfarbig oder bunt gemischt aufgefädelt werden.

2 Wenn die Hälfte der Gesamtlänge erreicht ist, wird der Faden innen im ersten *Raviolo* angeklebt. Dann den zweiten *Raviolo* daraufkleben und weitere Kettenglieder auffädeln.

3 Wenn das Armband oder die Kette lang genug ist, einfach die Fadenenden verknoten und die Enden abschneiden.

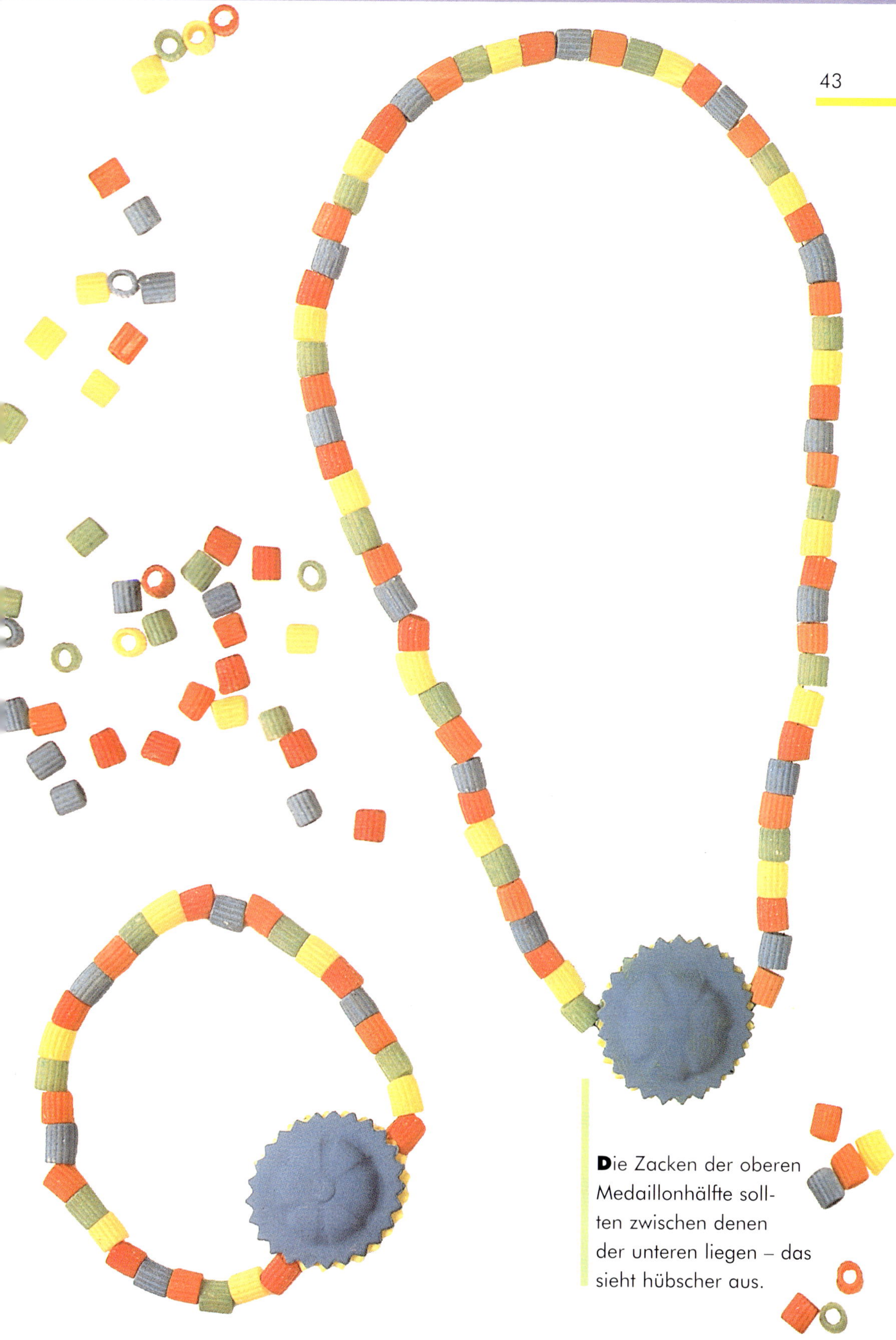

Die Zacken der oberen Medaillonhälfte sollten zwischen denen der unteren liegen – das sieht hübscher aus.

Schmetterlinge

Sie brauchen: Schmetterlinge in verschiedenen Größen, Hörnchen und Gabel*spaghetti*.

1 Verschieden große Schmetterlinge in vielen Farben, die Hörnchen in Gelb und die Gabel*spaghetti* hellblau anmalen. Die Schmetterlinge anschließend mit Filzstiften nach Belieben mit Pünktchen oder Strichmustern verzieren.

2 Wenn alles trocken ist, die Hörnchen quer auf die Mitte der Schmetterlinge kleben. Man kann auch hübsche Schleifchen aus bemalten Schmetterlingsnudeln basteln.

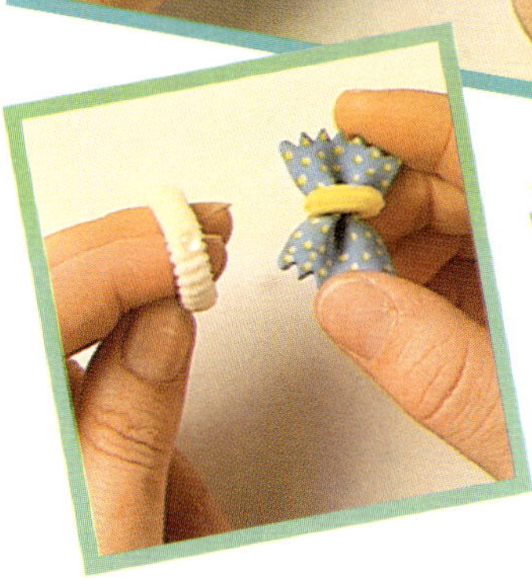

3 Schmetterlinge und Schleifchen an Zopfgummis festkleben. Viel Kleber verwenden, aber Gummi nicht dehnen, bevor er trocken ist.

Die kleinen Schmetterlinge sind eine hübsche Verzierung für Sonnenbrillen, Haarreifen, Zopfgummis, Spangen, Bilderrahmen und vieles mehr.

WEIHNACHTEN

Stechpalmensterne oder Schneeflocken, an einem Faden befestigt, sind ein hübscher Fenster- oder Christbaumschmuck.

Nudeln in weihnachtlichen Ausformungen einfach bemalen und als Verzierung für Geschenkpäckchen verwenden. Auf Karton geklebte Motive ergeben hübsche Tischkärtchen.

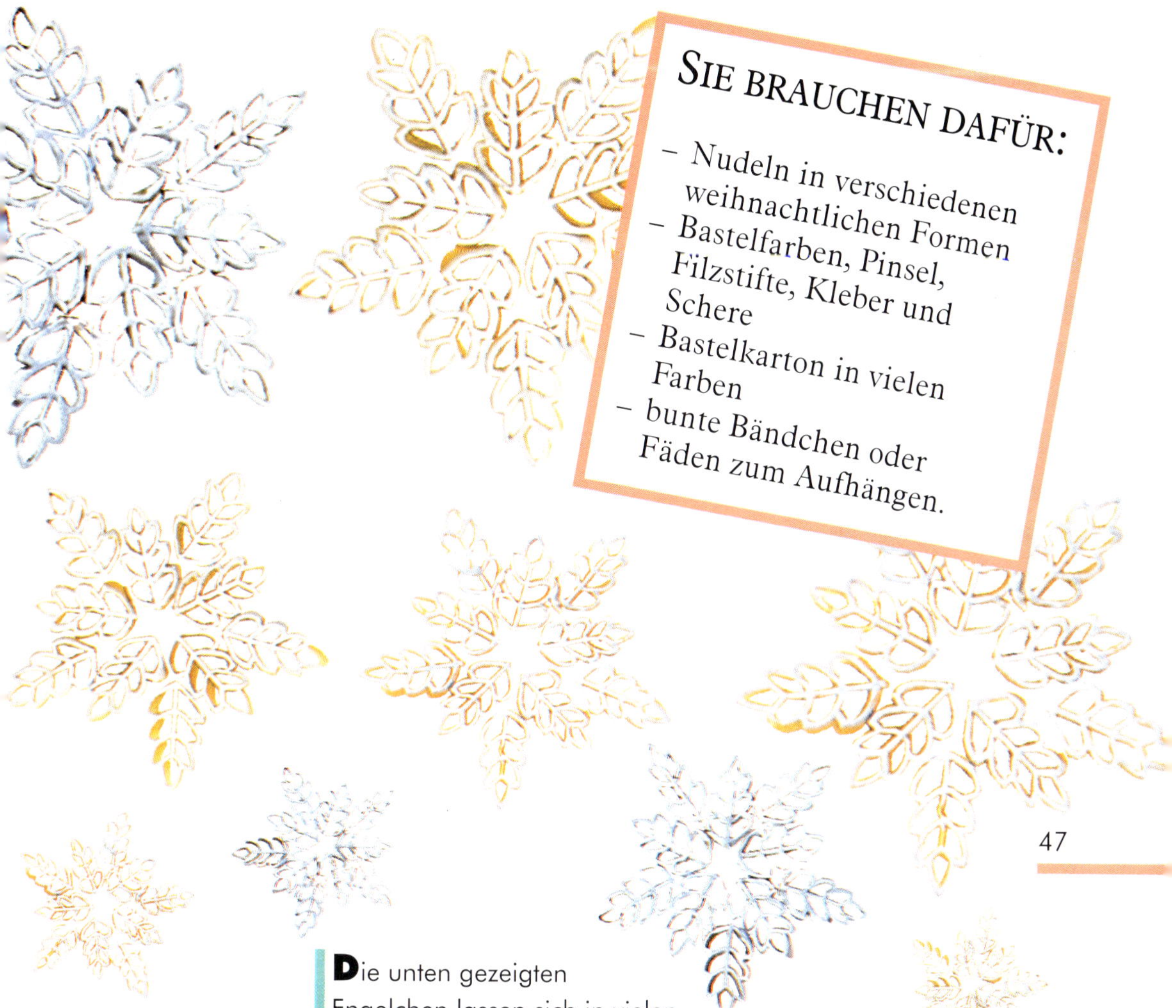

Sie brauchen dafür:

- Nudeln in verschiedenen weihnachtlichen Formen
- Bastelfarben, Pinsel, Filzstifte, Kleber und Schere
- Bastelkarton in vielen Farben
- bunte Bändchen oder Fäden zum Aufhängen.

Die unten gezeigten Engelchen lassen sich in vielen Farben und Größen variieren. Darauf achten, daß jeder Engel gerade auf die Grundplatte geklebt wird!

SCHNEEFLOCKEN

1 Sie brauchen dafür nur Muscheln in Ährenform *(Spighe)*. Jeweils fünf Ähren werden mit einem Tropfen Kleber auf den Kontaktstellen sternförmig zusammengeklebt.

2 Fügen Sie nun weitere fünf Ähren in die Zwischenräume des Innensterns ein. Lassen Sie die Schneeflocke liegend trocknen.

3 Sobald der Kleber trocken ist, die Schneeflocke mit weißer oder hellblauer Bastelfarbe anmalen.

Engelchen

Gebraucht werden pro Engel ein *Raviolo*, zwei Rhomben, eine *Castellana*, zwei mittelgroße Muscheln und Graupelnudeln.

1 Malen Sie die *Castellana* hellblau und zwei Rhomben sowie ein *Raviolo* gelb an. Die Rhomben werden zuerst symmetrisch aneinander- und dann als Flügel an der Rückseite der *Castellana* festgeklebt.

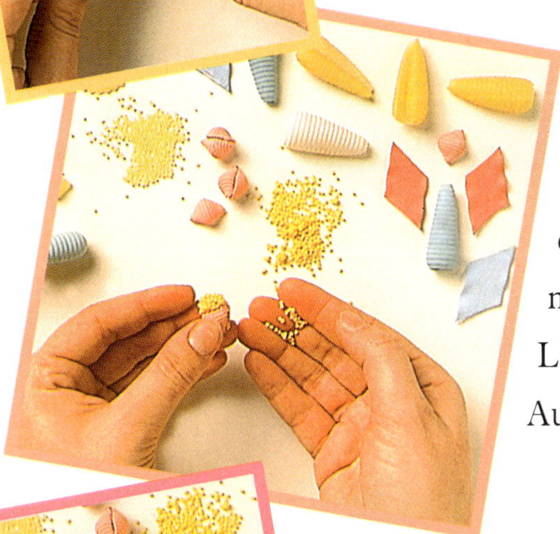

2 Zwei mittelgroße Muscheln, rosa bemalt und zusammengeklebt, ergeben den Kopf des Engels. Die Graupelnudeln werden gelb eingefärbt und als Locken auf den Kopf geklebt. Mund und Augen werden aufgemalt.

3 Zuerst wird der Rumpf auf die Grundplatte (*Raviolo*) geklebt. Darauf kommt der Kopf. Mund, Augen und Nase malen Sie mit Filzstift an.

Bandverzierung

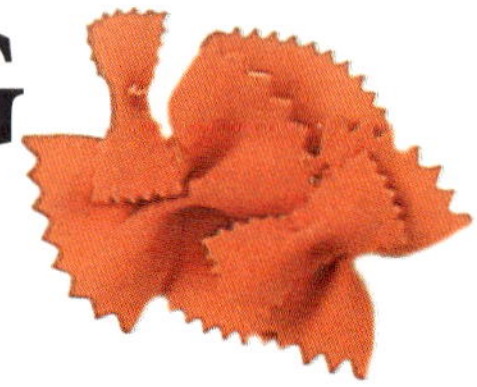

Für die Rosette brauchen Sie: Schmetterlinge in verschiedenen Größen und Fingerhütchen.

1 Einfach verschieden große Schmetterlinge in beliebiger Zahl aneinander- und aufeinanderkleben, bis die gewünschte Rosettengröße erreicht ist.

2 In die Mitte der Rückseite wird ein Fingerhütchen geklebt, dutch dessen Öffnung das Geschenkband durchgezogen wird.

3 Nun noch die Rosette hübsch anmalen und trocknen lassen.

STECHPALMENGESTECK

1 Für dieses hübsche Gesteck brauchen Sie nur zwei Nudelformen: Ähren (für die Blätter) und sardische Mini-*Gnocchi* für die Beeren.

2 Kleben Sie drei bis fünf grün gefärbte Ähren zusammen. In die Mitte des Gestecks kommen rot gefärbte Mini-*Gnocchi* als Beeren.

Man kann die Ähren entweder sternförmig oder zu kleinen Kränzchen aneinanderfügen. Die Gestecke sehen auch auf Päckchen hübsch aus.

KERZEN

Sie benötigen:
Cannelloni, Räder,
gerillte Muscheln.

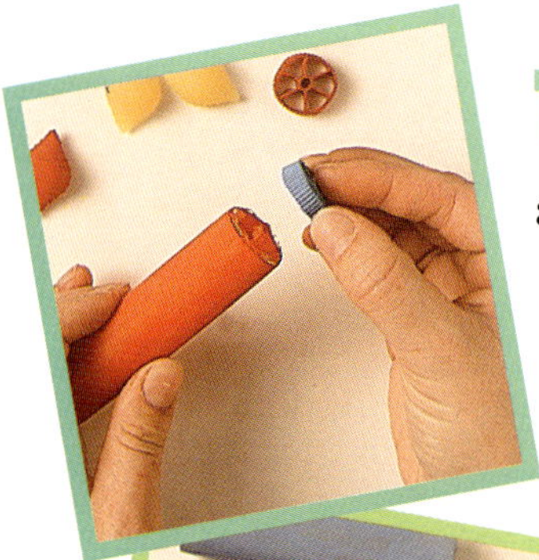

1 Bemalen Sie die *Cannelloni* blau, gelb oder in einer anderen Farbe. Rot bemalt werden die Muscheln; sie sollen die Kerzenflamme darstellen.

2 Nehmen Sie ein Rad, das in die Öffnung der *Cannelloni* paßt. Bemalen Sie es in einer kontrastierenden Farbe, und kleben Sie es in das obere Ende der *Cannelloni*. Dann werden zwei Muscheln zur Flamme aneinandergeklebt und in der Mitte des Rades befestigt.

Den Kerzenschaft können Sie mit Filzstiften nach Belieben zusätzlich verzieren

KRIPPE

Sie benötigen: eine grüne *Lasagna*, vier Spiralen, ein Mini-*Gnocco*, zwei lange *Gnocchi*, eine Locke, drei Mini-Muscheln, Fadennudeln, Nudeln in weihnachtlichen Ausformungen.

1 Kleben Sie die Umrisse des Stalls mit den vier roten Spiralen in die Mitte der *Lasagna*, daneben die bemalten Ähren, darüber den Stern und den Kometen.

2 Bemalen Sie das eine lange *Gnocco* braun, das andere hellblau und zwei kleine Muscheln rosa. Kleben Sie die Teile für die Figuren von Maria und Josef sowie die Fadennudeln als Stroh zwischen den beiden in den Stall.

3 Das Jesuskind formen Sie aus einem Mini-*Gnocco* (Rumpf), einer rosa bemalten kleinen Muschel (Gesicht)und zwei rosa Lockenstückchen (Arme).

In anderen weihnachtlichen Farben wie Silber und Gold sieht diese Krippe ebenso hübsch aus wie naturfarben.

GESCHENKIDEEN

Wer ein hübsches Geburtstagsgeschenk, ein Mitbringsel für Gastgeber oder einfach eine kleine Aufmerksamkeit für liebe Freunde basteln möchte, findet hier bestimmt das Richtige.

Geschenkband und Schleife bekommen durch kleine Verzierungen wie Sträußchen, Blüten oder Blätter eine ganz persönliche Note. Ihr Geschenkpäckchen sieht damit besonders originell und liebevoll verpackt aus.

Sie brauchen dafür:

- verschiedene Nudelformen
- Bastelfarben, Pinsel, Filzstifte, Kleber
- dünnen Karton, grünes Kreppapier, eine Papiermanschette für das Sträußchen, Schere, Blumendraht und Geschenkband.

Sträusschen

Sie benötigen:
verschiedene Nudelformen, Blumendraht, eine Papiermanschette, Kreppapier.

1 Nach den Anleitungen für Blumen (S. 32-39) stellen Sie vier oder fünf Blüten unterschiedlicher Form und Farbe sowie ein paar grüne Blätter her und befestigen diese an Stielen aus Blumendraht.

2 Die Stiele werden zum Sträußchen gebunden, mit Draht umwickelt, durch die Manschette gezogen und mit einem Tropfen Kleber an der Papiermanschette festgeklebt. Mit grünem Kreppapier umwickeln.

Haarnadeln

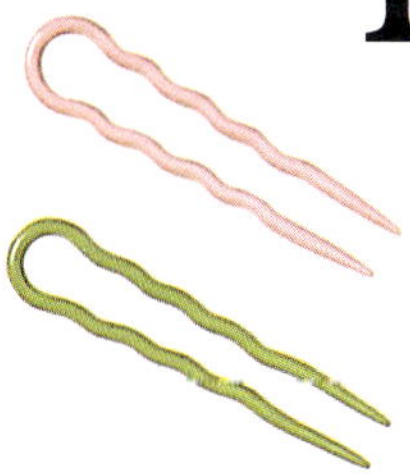

Sie brauchen: Hütchen, kleine und mittelgroße Muscheln, Ähren und Öhrchen, außerdem Haarnadeln oder -klammern.

1 Zuerst die eingefärbten Blätter zusammenkleben, darauf vergoldete Hütchen oder aus Muscheln gebildete Knospen (siehe Anleitung S. 39) befestigen.

2 Mit einem Tropfen Klebstoff das Blumenmotiv an einer Haarnadel, -klammer oder einem kleinen Kamm befestigen. Sie können die bunten Verzierungen auch an einem schlichten Haarreif festkleben.

Mimosen

1 Für die Mimosenzweiglein brauchen Sie Ähren und kleine Kügelchen (Knöpfli oder ähnliche kugelrunde Suppennudeln). Für die Mimosenblätter bemalen Sie die Ähren grün, für die Blüten die Knöpfli gelb.

2 Je zwei bis vier grüne Ähren zusammenkleben und darauf die gelben Kügelchen in der für Mimosen typischen Rispenform befestigen.

Aus Nudeln in verschiedenen Größen können Sie kleine Gestecke basteln, die als Verzierung auf Bilderrahmen bezaubernd aussehen

Originelle Päckchen

Alle bisher vorgestellten Blumenmotive eignen sich hervorragend als Verzierungen für Geschenkpäckchen oder zum Aufkleben auf das Kärtchen, das Sie dem Päckchen beilegen.

KINDERFEST

Eine ganz persönliche Note verleihen fröhliche Platzkärtchen sowie hübsch verzierte Papierkrönchen jedem Kindergeburtstag oder sonstigen Fest.

Verzieren Sie die Geschenkpäckchen mit kleinen Clowns, die Trinkhalme mit bunt bemalten Schmetterlingen, bereiten Sie für jeden der kleinen Gäste ein originelles Platzkärtchen und einen hübsch bemalten Schmetterling auf dem Trinkhalm vor ... und lassen Sie Ihrer Phantasie freien Lauf!

Sie brauchen dafür:

- Nudeln in verschiedenen Größen
- Bastelfarben, Pinsel Filzstifte
- Bastelkleber und Schere
- Pappbecher und -teller, Geschenkpapier, Bänder, Strohhalme usw.

TISCHDEKORATION

Sie brauchen: drei Rhomben, drei Muscheln, einen Schmetterling, ein *Raviolo*.

1 Drei Muscheln so zusammenkleben, daß immer die eingerollte Seite links zu liegen kommt. Das fertige Oval stehend auf einen *Raviolo* als Standfläche befestigen.

2 Drei bemalte und mit Filzstiften verzierte Rhomben fächerförmig zusammenkleben und dann auf das obere Ende des Ovals kleben.

3 Den Schmetterling andersfarbig bemalen und auf die Verbindungsstelle zwischen Oval und Rhomben kleben. Auch für den Ostertisch geeignet.

CLOWN

Sie benötigen: ein *Raviolo,* eine Muschel, zwei Ringlein, zwei Stück einer *Riginetta,* eine Mini-Muschel und einen Schmeterling.

2 Alle Teile bemalen. Die Muschel in die Rückseite des Raviolo kleben – das wird der Kopf des Clown. Die Ringlein werden als Augen und die Stückchen vom Rand einer Riginetta als Mund und Nase auf die Muschel geklebt.

3 Der Schmetterling wird zuerst bemalt, dann mit Filzstift-Pünktchen verziert und an der Unterseite der Muschel als Fliege festgeklebt. Der lustige Clown läßt sich für Päckchen und vieles mehr verwenden.

Kleines Nudel-Lexikon

Bezeichnung in diesem Büchlein	*Italienische Sortenbezeichnung*
Ähren	Spighe
Bandnudeln	Tagliatelle
Bandnudeln, schmal	Linguine
Fadennudeln, kurz geschnitten	Filini
Fingerhut	Ditali
Fingerhütchen	Ditalini
Gabelspaghetti	Gobbetti
Gnocco, klein	Gnocchetti
Gnocco, lang	Gnocchi sardi lunghi
Graupelnudeln, feine (Riebele)	Grandinina
Hörnchen, groß	Gomiti
Hörnchen, klein	Chiferi
Hütchen	Cappelletti
Kügelchen, Knöpfli (Suppeneinlage)	Fregula sarda
Lasagna, gewellt	Lasagne ricce
Lasagna, klein	Sagnarelli
Lilie	Gigli
Locke	Riccioli
Mini-Gnocco	Gnocchetti sardi
Mini-Muschel (Suppeneinlage)	Conchigline
Muschel	Conchiglie
Muschel, groß	Conchiglioni
Nudeln in weihnachtlichen Ausformungen	Pasta natalizia
Öhrchen	Orecchietti
Pfeife, gerillt	Pipe rigate
Rad	Ruote
Rädchen	Ruotine
Rhombus	Rombi
Ringlein	Anellini
Röhrennudeln, dick	Maccharoni
Röhrennudeln, mittelgroß	Sedani
Röhrennudeln, glatt	Maniche
Röhrennudeln, klein	Maccheroncini
Röhrennudeln, ganz klein + gerillt	Ditalini
Schaumnudel	Spumone
Schmetterling	Farfalle
Schmetterling, klein	Farfalline
Schnecke, groß	Lumaconi
Spirale, Doppelspirale	Eliche, Gemelli
Spirale, lang	Fusilli lunghi
Stern	Stelle
Suppennudeln, fein gekörnte	Grattini